IMPRIM'VERT
Votre imprimeur agit pour l'environnement

MIXTE
Papier issu de sources responsables
FSC® C102228
FSC www.fsc.org

Gallimard Jeunesse/Giboulées Sous la direction de Colline Faure-Poirée

Conception graphique : Néjib Belhadj Kacem - ISBN : 978-2-07-063836-9 Premier dépôt légal : mars 2011
Dépôt légal : septembre 2017 - Numéro d'édition : 324929 - Loi n° 49956 du 16 juillet 1949 sur les publications destinées à la jeunesse

Imprimé en France par Pollina - 81549D

Attention dans la maison

Textes : Dr Catherine Dolto et Colline Faure-Poirée
Illustrations : Frédérick Mansot

GIBOULÉES
GALLIMARD JEUNESSE

Quand on est petit, on ne sait pas ce qui est dangereux. Par exemple l'électricité, il ne faut jamais brancher tout seul les appareils électriques et il ne faut pas toucher aux prises de courant.

Si on touche les appareils chauds, le four, le fer à repasser, le radiateur électrique, on peut se brûler très fort. Le four à micro-ondes n'est pas chaud mais ce qui en sort peut être brûlant.

Attention aux queues des casseroles qui dépassent de la cuisinière : le liquide bouillant pourrait se renverser et nous brûler terriblement.

Les enfants ne doivent pas jouer avec les briquets, les allumettes ni les bougies. Avec une toute petite flamme, on a vite provoqué un grand incendie !

Il ne faut pas s'approcher tout seul des rebords des fenêtres ni s'accouder au balcon. On pourrait perdre l'équilibre et tomber. Il faut aussi penser aux gens qui marchent dans la rue et ne rien jeter par la fenêtre.

Les produits pour nettoyer la maison ou laver le linge sont réservés aux adultes. Ils peuvent nous empoisonner ou nous brûler la peau et les yeux. Même s'ils ont de jolies couleurs, il ne faut jamais y toucher.

NET
SE
vaisselle

Il ne faut jamais manger ce que l'on trouve dans la maison sans demander à une grande personne. Certains médicaments ressemblent à des bonbons, mais ils sont très dangereux.

CUISINE
PHARMACIE

Les couteaux, les ciseaux, les rasoirs, les mixeurs peuvent couper les petits doigts et les petits pieds.

Il ne faut jamais jouer à mettre
sa tête dans un sac en plastique
ou s'enfermer dans un placard :
sans air, on étouffe.

SUP

Quand on est petit, on ne doit jamais se baigner tout seul : on peut se noyer dans très peu d'eau. Dans une baignoire ou une douche, seuls les adultes peuvent toucher les robinets, l'eau chaude peut être brûlante.

Il ne faut jamais aller jouer seul
au bord d'une piscine, comme pour
nager, il faut être accompagné
d'une grande personne.
Dans le jardin on ne mange
ni les plantes ni les fruits sans
demander la permission. On
ne doit pas toucher aux outils
du jardin qui sont très dangereux.

Dans la même collection :

1 Filles et garçons
2 Dans tous les sens
3 Des amis de toutes les couleurs
4 Bouger
5 La nuit le noir
6 Les chagrins
7 Les bêtises
8 Moi et mon ours
9 Les gros mots
10 Les papas
11 Les mensonges
12 Quand les parents sortent
13 On s'est adoptés
14 Vivre seul avec papa ou maman
15 Gentils méchants
16 Jaloux pas jaloux
17 Attendre un petit frère ou une petite sœur
18 Les mamans
19 Les câlins
20 Un bébé à la maison
21 À la crèche
22 Les colères
23 Les bobos
24 Les grands-parents
25 Attention dans la maison
26 Mon docteur
27 Les doudous
28 Propre
29 Les cadeaux
30 Si on parlait de la mort
31 Respecte mon corps
32 Les parents se séparent
33 Pipi au lit
34 Tout seul
35 Ça fait mal la violence
36 Les premières fois
37 Prends soin de ta planète
38 Dire non
39 La télévision
40 Y'en a marre des tototes
41 Caca prout
42 La peur
43 Donner
44 Polis pas polis
45 Les jumeaux
46 L'opération
47 L'hôpital
48 Les urgences
49 Chez le psy
50 L'amitié
51 La famille
52 La naissance
53 J'ai deux pays dans mon cœur
54 Juste pas juste
55 Changer de maison
56 La maternelle
57 Vivre avec un handicap
58 La honte
59 Frères et sœurs

60 Bouder
61 Raconte-moi une histoire
62 Les animaux de la maison
63 Les vaccins
64 La timidité
65 Fâchés, pas fâchés
66 La rue, mode d'emploi
67 Les allergies
68 Prêter
69 À la cantine
70 Ma famille recomposée
71 Les nounous
72 Faire confiance
73 Pourquoi tu pleures?
74 Obéir désobéir
75 Bien vivre tous ensemble
76 Histoires, de manger
77 Les mots et les images qui font peur, explosions, attentats, peur
78 Harcelés Harceleurs

RIEN